LOS CONEJOS Y SUS MADRIGUERAS

POR ELIZABETH RAUM

ILUSTRADO POR ROMINA MARTÍ

AMICUS ILLUSTRATED es una publicacion de Amicus
P.O. Box 1329, Mankato, MN 56002
www.amicuspublishing.us

Información de catálogo de publicaciones de la biblioteca del congres
Names: Raum, Elizabeth. | Martí, Romina, illustrator.
Title: Los conejos y sus madrigueras / por Elizabeth Raum ; Illustrated por
Romina Martí.
Other titles: Rabbits dig burrows. Spanish
Description: Mankato, MN : Amicus, [2018] | Series: Animales constructores |
Series: Amicus illustrated | Audience: K to grade 3.
Identifiers: LCCN 2017005314 | ISBN 9781681512839 (library binding)
Subjects: LCSH: Rabbits--Juvenile literature.
Classification: LCC QL737.L32 R3818 2018 | DDC 599.32--dc23
LC record available at https://lccn.loc.gov/2017005314

EDITORA : Rebecca Glaser
DISENADORA : Kathleen Petelinsek
Traducción de Victory Productions, www.victoryprd.com

Impreso en los Estados Unidos de América
10 9 8 7 6 5 4 3 2 1

ACERCA DE LA AUTORA

De niña, Elizabeth Raum caminaba
por los bosques de Vermont
buscando rastros de los animales
que vivían allí. Se leyó todos los
libros sobre animales que había en
la biblioteca de su escuela. Ahora
ella vive en Dakota del Norte y
escribe libros para lectores jóvenes.
Muchos de sus libros son acerca
de animales. Para saber más, visita:
www.elizabethraum.net

ACERCA DE LA ILUSTRADORA

Romina Martí es una ilustradora
que vive y trabaja en Barcelona,
España, donde sus ideas cobran
vida para públicos de todas las
edades. A ella le encanta explorar
y dibujar toda clase de criaturas
del mundo entero, que luego
se convierten en los personajes
principales de la mayoría de sus
obras. Para saber más, visita:
rominamarti.com

Amanece. Los conejos mordisquean la hierba en la pradera.
Un águila hambrienta se lanza en picada hacia ellos. Un conejo
grande golpetea con su pata trasera para advertir a los demás.
Los conejos se esconden rápidamente bajo tierra.

¡Están a salvo! Los conejos comunes cavan madrigueras bajo tierra
conectadas por túneles. Un grupo de madrigueras se llama conejera.
Estos conejos viven en Europa y ostros lugares.

Los conejos silvestres que viven en Norteamérica tienen la cola blanca. Ellos viven en la superficie, entre la hierba o los arbustos. No construyen conejeras.

Cuando pasa el peligro, Mamá Conejo asoma la cabeza fuera de la madriguera. Hay muchas maneras de entrar y salir de la conejera. Sin importar dónde esté, ella puede entrar de un salto para ponerse a salvo. Los predadores no pueden entrar en la conejera.

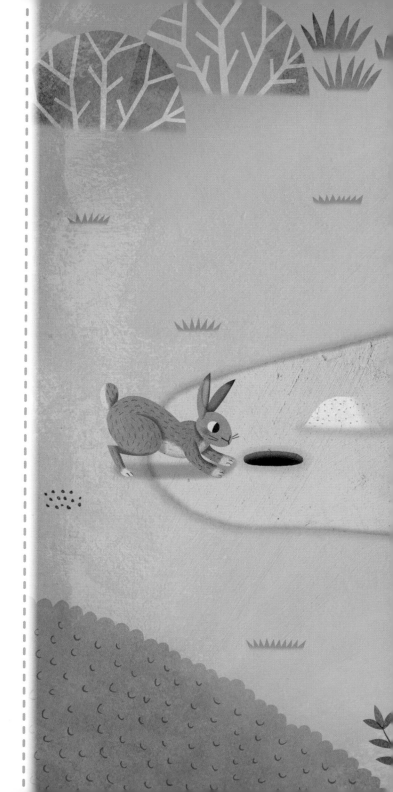

Mamá Conejo ayudó a construir esta conejera. Comenzó con diez conejos. Tuvieron varias camadas. Ahora hay más de 100 crías.

Con el tiempo, los conejos cavaron más túneles y agregaron madrigueras.
Algunas conejeras grandes miden 50 yardas (45 m) de largo.

Mamá y los otros conejos suelen pasar el día dentro de la conejera. Salen por la noche para comer. Pero esta conejera se está llenando de conejos. Hay conejitos por todos lados. Es hora de comenzar una nueva conejera.

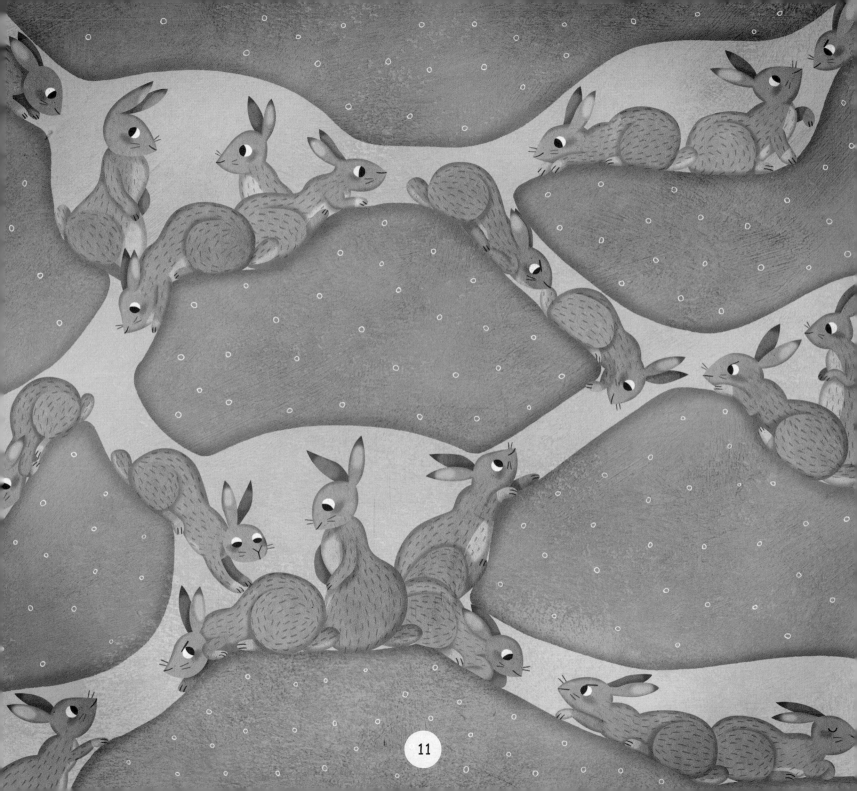

Mamá espera hasta que el suelo está blando. Ella usa sus patas delanteras para aflojar el suelo. Luego empuja la tierra debajo de su panza hacia afuera. A veces retrocede y saca la tierra con sus patas. ¡Mamá trabaja duro!

Pronto se le unen otros conejos. Excavan más túneles y hacen más madrigueras.

Algunas madrigueras están en medio de los túneles.
Otras están al final de un túnel.

La madriguera de Mamá está al final de un túnel. Ella no quiere que otros conejos pasen por ahí. Ella prepara un nido para los bebés. Ella trae hierba o paja. Luego se arranca pelo del pecho para cubrir el nido.

Mamá tiene cinco bebés, que se llaman gazapos. El nido
los mantiene calientes y cómodos. Mamá sale de la conejera
para comer.

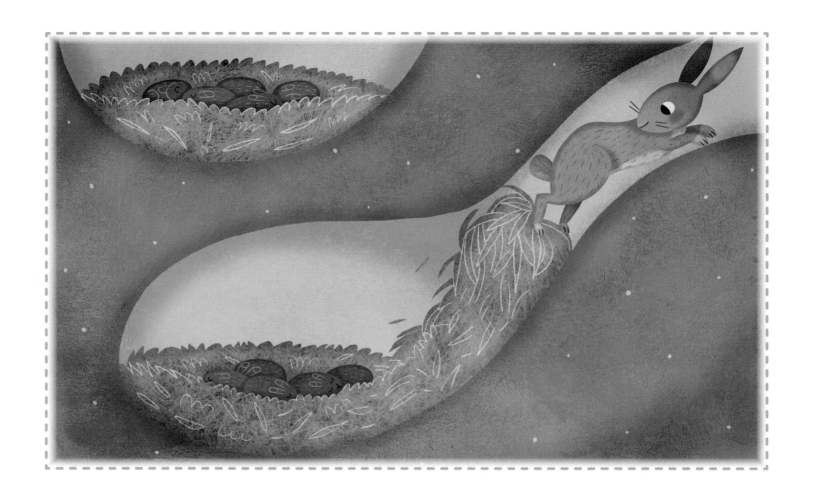

Cuando sale, pone tierra en la entrada de su nido. Esto mantiene a las crías protegidas y calientes. Ella regresa al nido una vez al día para amamantarlas.

Las crías salen de la madriguera cuando tienen 16 días de nacidas.
Al principio, se quedan cerca de una de las muchas entradas.

¡Mira! ¡Un zorro! Las crías se lanzan otra vez dentro de la conejera.
¡Están a salvo! Con razón los conejos hacen conejeras.

Lugares donde viven los conejos comunes

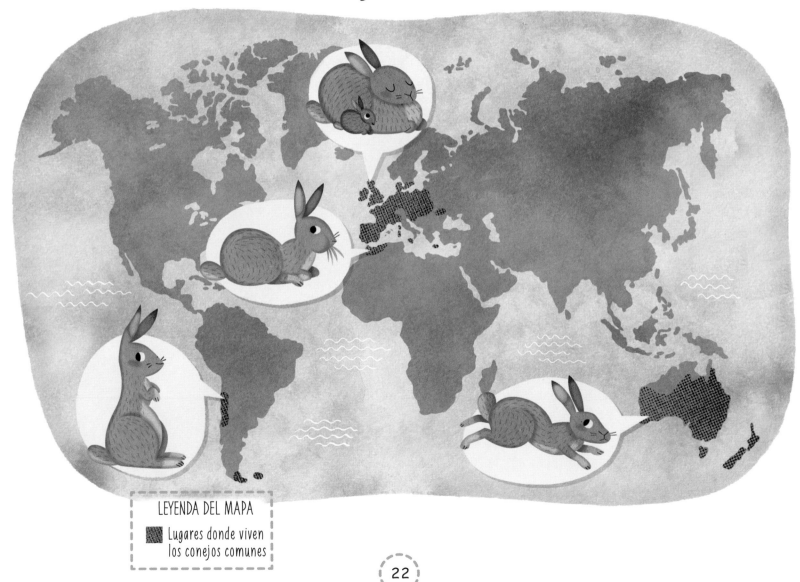

LEYENDA DEL MAPA

Lugares donde viven los conejos comunes

Construye como un conejo

Los conejos cavan madrigueras bajo tierra y las conectan
con un sistema de túneles. Trata de hacer una versión
al aire libre en una caja de arena.

LO QUE USAN LOS CONEJOS	LO QUE NECESITAS
Tierra blanda	Caja llena de arena
Sus patas delanteras	Tus manos o una pala
Hierba y pelo suave	Hierba y hojas

LO QUE HACES

1. Cava un agujero en el centro de la caja de arena. Amontona arena alrededor del borde. Esta es tu primera madriguera.

2. Excava un camino desde el agujero hasta el borde de la caja de arena.

3. Cava otro agujero cerca del borde.

4. Intenta agregar más túneles y más madrigueras. ¡Todos tienen que estar conectados!

5. Algunas madrigueras deben tener dos salidas y algunas deben estar cerradas.

6. Pon hierbas y hojas en una de las madrigueras cerradas. Esto sirve de nido para los bebés.

GLOSARIO

camada Grupo de conejos jóvenes (generalmente de 3 a 12) que nacen al mismo tiempo.

conejera Grupo de túneles y madrigueras bajo tierra donde viven los conejos y tienen a sus crías.

conejo común Conejos grises y marrones que se encuentran en Europa, el noroeste de África, Australia, Nueva Zelanda y América del Sur.

crías Conejos bebés, también llamados gazapos.

madriguera Agujero o túnel cavado en el suelo.

predador Animal que caza a otros animales.